Depressão e melancolia

PSICANÁLISE PASSO-A-PASSO
Direção: Marco Antonio Coutinho Jorge

Ver lista de títulos no final do volume

Urania Tourinho Peres

Depressão e melancolia

3ª reimpressão

ZAHAR

Para Fernando, Daniel, Maria Fernanda

Jorge Zahar Editor Ltda.
rua Marquês de S. Vicente 99 – 1º
22451-041 Rio de Janeiro, RJ
tel (21) 2529-4750 / fax (21) 2529-4787
editora@zahar.com.br
www.zahar.com.br

Grafia atualizada respeitando o novo
Acordo Ortográfico da Língua Portuguesa

Capa: Sérgio Campante

Composição eletrônica: TopTextos Edições Gráficas Ltda.

3ª reimpressão: 2013

CIP-Brasil. Catalogação na fonte
Sindicato Nacional dos Editores de Livros, RJ

Peres, Urania Tourinho
P512d Depressão e melancolia / Urania Tourinho Peres. — Rio de Janeiro: Zahar, 2003.
(Passo-a-passo; 22)

Inclui bibliografia.
ISBN 978-85-7110-726-7

1. Depressão mental. 2. Melancolia. I. Título. II. Série.

CDD: 616.8527
10-0807 CDU: 616.895.4

Sumário

A dor de ser

O que dizer da dor que não pode ser dita? Sem causa ou natureza definíveis, sem possibilidade de compreensão? Dor do nada, simplesmente do vazio de existir, indescritível, incomensurável, e que, por isso mesmo, chama em vão a palavra? Muitos falaram dela, para dizê-la, traduzi-la ou minorá-la: tristeza, trevas, sombras sem fim, sol negro, nevoeiro, tempestade em céu sereno, certeza infeliz, apatia, acedia, tédio... A melancolia vem de bílis negra, cor terrosa, pacto com Saturno. O desespero da alma encontra refúgio na criação, na permanente procura de sentido. A relação genialidade/melancolia dominou na Antiguidade.

Hoje a melancolia cede terreno à depressão, que implica diminuição, redução e decréscimo. A psiquiatria introduz o uso dessa palavra que melhor se aplica a um estado de doença do que à romântica melancolia. Mas o que de fato define, indica ou revela essa forma de marcar a tristeza? Como transformar em doença a dor de existir?

Muitos que a experimentaram de maneira intensa dizem-na indescritível, "dor aguda, de ordem não física, cuja natureza e causa são desconhecidas", "distúrbio do espírito, misteriosamente recebido, catástrofe".

Como classificar um sentir que não se descola de quem o sente? Como generalizar a dor de ser que constitui e singulariza?

Mas, verdade seja dita, estamos vivendo a democratização da tristeza em sua dimensão mais aguda. Não é mais uma forma de situar-se no mundo, porém uma característica do homem da atualidade. Globaliza-se um estado d'alma. A depressão é o mal do século.

Tomemos o fato como acontecido: no singular ou no plural, melancolia ou melancolias, depressão ou depressões, vivemos uma época em que a tristeza e o desencanto tomam proporções de epidemia.

Faremos um breve percurso pela história para chegarmos ao tempo presente, interrogando ao longo do caminho como as diferentes formas de subjetividade podem ser determinadas ou marcadas historicamente.

A psicanálise privilegia o termo melancolia e confronta-nos com a dificuldade, ou mesmo a impossibilidade, de clareza diagnóstica. Assim, vemo-nos diante da questão central de situá-la do lado ou das psicoses ou das neuroses. Nesse particular sigo Freud, que oferece uma nova maneira de pensar ao enquadrá-la como uma "neurose narcísica", categoria que pode franquear os limites rígidos entre a neurose e a psicose.

Cada vez mais, temos a certeza de que a complexidade com que se apresentam as chamadas doenças mentais impõe que busquemos modalidades novas de compreensão que não se esterilizem em rótulos diagnósticos importados da medicina. O próprio conceito de doença tem que ser revisitado. Assim é que podemos encontrar diversas maneiras de nomeação: depressão melancólica, depressão neurótica, depressão narcísica, depressão psicótica, psicose melancólica, melancolia neurótica, melancolia psicótica, histeria melancólica, depressão histérica, depressão endógena etc. Não pretendemos entrar nessas diferenças e é possível que, muitas vezes, empreguemos "melancolia" e "depressão" como sinônimos; contudo queremos deixar claro que muitos autores reservam melancolia para a nomeação de formas graves de inibição motora e afetiva, assimbolia, dentro de uma cronicidade em que podem se alternar períodos de exaltação maníaca e de paralisia, ou seja, a denominada psicose maníaco-depressiva. É importante também mencionar a síndrome de Cottard, em que a não simbolização da morte, o delírio de negação dos órgãos, conduz à ideia de não morrer jamais.

O termo depressão pode aparecer indicando formas menos graves, quadros neuróticos bem-definidos, ou sintomas que se manifestam nas diferentes neuroses. Depressão é a expressão dominante em nossos dias. Vamos privilegiar o uso do termo melancolia quando falarmos a partir da psicanálise, onde a palavra depressão é usada preferencialmente para designar sintomas. Quando a referência for à psiquiatria, ou quando a abordagem for sociológica, o termo depressão será o escolhido, muito embora saibamos que também na psiquiatria a forma de dizer mais atual refere-se às "alterações de humor".

Hoje defrontamo-nos com dois grandes caminhos para abordar esse tema: a psicanálise e a psiquiatria biológica. A primeira falando de um desamparo fundamental, uma complexa e problemática relação com a perda, a falta, o vazio estrutural do ser humano; a segunda oferecendo uma explicação por uma insuficiência biológica, um déficit neuro-hormonal, e encontrando no isolamento de uma molécula a promessa da cura.

A verdade é que a melancolia lança um desafio sobre a fronteira entre o somático e o psíquico, o estrutural e o atual, a neurose e a psicose, acenando, mais propriamente, para o nosso não saber que para o nosso saber.

Podendo ser vista como "um mal mais profundo ligado a uma solidão existencial própria a todos os homens", a tristeza faz parte de cada um de nós. É ingrediente que nos constitui, e sem o qual não tomaríamos consistência, pois somos todos, enquanto seres falantes, forjados por uma perda, modelados por uma falta resultante de nossa retirada do universo da natureza. É por isso que as separações — ou a separação da mãe, quem sabe, mãe-terra, mãe-nutriente —, lançando o homem no desamparo, são muito frequentemente evocadas na origem desse mal-estar.

Se somos herdeiros de uma perda, se a falta é o elemento central que impulsiona a nossa entrada no universo simbólico (pois a palavra é sempre representante de uma ausência) não é de se estranhar a incessante procura desse elo significante que se materializa, muitas vezes, na criação artística, em encontrar a nota azul, captar a imagem inexistente e a palavra do indizível.

Parece importante trazer a fenomenologia das depressões através de alguns depoimentos. Assim, vou me servir de uma entrevista concedida ao *Magazine Littéraire* por Clément Rosset, quando da publicação de seu livro *Rota da noite*; do livro de William Styron *Perto das trevas*; e do livro de Teixeira Coelho *As fúrias da mente*. Serão também intercaladas passagens colhidas da clínica e, eventualmente, outros depoimentos.

Qualquer que seja a fonte de informação, todas falam da intensidade do sofrimento quando ele se manifesta em sua forma aguda. A inibição é referida como uma paralisia, seja motora, afetiva ou intelectual; a certeza do nada poder fazer. Ao amanhecer ou ao finalizar o dia, uma nuvem de horror invade a mente do sujeito e lhe transmite o sentimento de uma fadiga absoluta, o esgotamento total de suas forças. A impressão é acompanhada, na grande maioria das vezes, da certeza de que esse estado será duradouro. O pânico surge e se dissemina em medo de quase tudo. Medos absurdos, de pessoas, coisas, situações insignificantes.

É um sentimento da morte estando vivo, uma fraqueza do ser, um desencanto absoluto. E o deprimido repete incessantemente: a minha vida não tem sentido. E o que pode ser essa perda do sentido — sentido que vem pela palavra?

Alguns depositam em um fato a causa do seu sofrimento: a perda de um amor, a decepção no trabalho, o empobrecimento, situações que na vida atual estão a recuperar dores precoces, dores da origem, muito frequentemente relacionadas às situações de abandono, encarnadas na figura da mãe.

Muitas vezes ouvimos o relato de estados de estranheza, sentimento de despersonalização e desrealização, uma confusão de identidade, quando o medo da loucura aparece. É possível escutar: "Estou muito doente, sinto-me inteiramente estranho e tenho medo de ficar louco." Nesse momento percebemos um bordejar a psicose, uma pseudopsicose, uma psicose fugitiva, pois tudo se faz acompanhar da lucidez do estar doente, ou seja, uma "psicose lúcida", como tem sido pontuado por alguns autores. Um sofrimento intenso, real, mas também acompanhado da sensação de sua falsidade, daí a sua crueldade. É sofrer de algo que se sabe que é falso e que torna esse sofrimento absurdo e, por isso mesmo, mais intenso. "Sei que tenho tudo e que não há razão para tanto sofrer, mas sofro."

A falta completa, ou quase completa, de autoestima se presentifica através de intensa recriminação. Dizer-se um nada, um incompetente, um lixo reflete o sentimento de odiar a si próprio. O estado de confusão, a perda da memória, a dificuldade de raciocínio contribuem para essa avaliação severa. Freud comenta que existiria uma perda de pudor para uma avaliação tão cruel e desastrosa. E, frente a tão rigorosa autoavaliação, o deprimido sente-se culpado. Remorso e culpa são companheiros constantes.

O corpo reage: dores generalizadas, perda de apetite, impossibilidade de dormir se presentificam em emagrecimento, olhar distante e vazio.

A depressão também pode ser descrita como uma doença do tempo, um tempo que não sofre variações, no qual a luz adquire a cor marrom-escura. O passado é insuportável, o presente, uma tortura; a falta de esperança acompanha o sentimento de impossibilidade de um futuro.

A morte é companheira, presente, no pensamento, todos os dias, provocando um dilema — uma grande atração e um grande pavor: "A única coisa que desejo é morrer, mas tenho um grande medo."

Um pouco de história...

Se remontarmos aos mitos de origem, vamos nos defrontar com a constatação de que a depressão é tão antiga quanto a humanidade, ou melhor, que a tristeza é companheira do homem desde sua origem. Que Eva tenha sido criada para afastar de Adão a sua solidão, e que o casal tenha submergido, pelas vias do pecado original, na culpa e no remorso tão presentes entre os melancólicos, é hipótese frequentemente evocada. Fato é que a depressão, podemos afirmar, faz parte da própria estrutura humana. O homem não caminha sem a sua tristeza, condição não dissociada da própria consciência da morte.

As fontes históricas situam no canto VI da *Ilíada* de Homero (versos 200-203), pela descrição dos sofrimentos de seu herói Belerofonte — condenado pelo ódio dos deuses a vaguear solitário na planície de Aleão, submergido no desespero e solidão —, uma das primeiras análises desse mal-estar que atravessou os tempos e se faz tão presente na atualidade. Também é de Homero a primeira referência ao *pharmakon*, medicamento produzido pelo homem, mistura de plantas e rituais, visando aliviar um sofrimento que teve sua origem na ação divina.

Na Antiguidade a teoria de Hipócrates domina: quatro humores, a que correspondem a bílis negra, a amarela, o sangue e a pituíta. As doenças decorrem das variações e do equilíbrio entre essas quatro substâncias. A melancolia recebe, então, a sua denominação da bílis negra cuja alteração quantitativa ou qualitativa produz o quadro melancólico, caracterizado pelo medo e pela tristeza. Aos quatro humores podem se associar as quatro qualidades — seco, úmido, quente, frio —, as quatro estações, as quatro direções do espaço e ainda as quatro etapas da vida, formando uma verdadeira teoria cosmológica.

Contudo, é atribuído a Aristóteles, ainda que sem certeza absoluta, o primeiro tratado sobre a melancolia, que prevalecerá por toda a Antiguidade. A *Problemata 30* nos fala da relação entre a genialidade e a loucura. A melancolia seria decorrente de uma predisposição natural do organismo, e o autor estabelece um paralelo entre as diferenças de caráter e o efeito provocado pela ingestão de vinho. Ciência e misticismo se reúnem, o *calor* — princípio regulador do organismo — e a *mesotes* — equilíbrio entre energias opostas — são responsáveis pelo humor. A melancolia deixa de ser uma doença e se insere na própria natureza. É provável que Aristóteles tenha recebido a influência de um ensaio de Theophastus, *Peri melancolias*, que se extraviou. Empédocles, Sócrates, Platão, muitos poetas e homens ilustres são considerados portadores de melancolia, assim como os heróis míticos Hércules, Belerofonte, Aiace e Lisandro. A melancolia não é uma doença do filósofo, mas a sua própria natureza, seu *ethos*.

Que a melancolia seja a condição da genialidade, do pensamento, da filosofia e da literatura é uma concepção que fascina, e muitos a defendem até os dias de hoje. Depressão e criação ficam indissociáveis; o homem triste é também o homem profundo, a alegria é superficial.

Uma ambiguidade se estabelece, pois, no uso da palavra melancolia: por um lado, um humor natural e não necessariamente patogênico e, por outro lado, uma doença mental produzida por um excesso ou desequilíbrio dos humores.

Na Idade Média, século XII, domina a Escola de Salerno representada por Constantinus Africanus. A melancolia decorreria de um excesso de um elemento frio e seco no organismo, a bílis negra. A teoria dos humores ainda predomina, dividindo a humanidade em quatro grupos de diferentes temperamentos: o melancólico (bílis negra), o colérico (bílis amarela), o sanguíneo (sangue) e o fleumático (água). Essa concepção segue até a Renascença.

O médico e alquimista suíço Paracelso defende a teoria médica baseada na concepção alquimista das correspondências ou analogias entre as diferentes partes do corpo (microcosmo) e aquelas do universo na sua totalidade (macrocosmo). Para ele, Adão foi o representante da tristeza e Eva, da alegria. As matérias contidas em Adão se misturaram com as contidas em Eva, produzindo um equilíbrio; o mesmo acontecendo com a ira, a tirania, a violência, que se temperam com a doçura, a virtude e a modéstia.

Ainda na Idade Média, através da ciência árabe, a teoria dos humores vai se ligar à astrologia. A teoria da melancolia vinculada à doutrina das influências astrais deposita em Saturno a sua força mais fatídica: Saturno é o astro que governa o melancólico. Sua influência não se exerce em pessoas vulgares, ele escolhe os seres extraordinários. Mantém-se dessa forma a ideia, vinda da Antiguidade, da relação entre melancolia e genialidade.

No Renascimento predomina a distinção entre a melancolia sublime e a melancolia vulgar, teoria atribuída a Marsilius Ficinus, médico florentino, autor de *Da vita triplice*. Ficinus foi também fascinado pela astrologia; o seu tratado reúne quatro tradições de pensamento: a hipocrática (teoria dos humores), a platônica (poesia e furor), a astrológica (Saturno e melancolia) e, por fim, a aristotélica, que vincula melancolia e genialidade. Para Ficinus a melancolia é ao mesmo tempo um grande tormento, mas também a grande chance para os homens de estudo. Devemos a Dürer a materialização dessas concepções, em sua pintura *A melancolia*.

O cristianismo, desde as suas origens, mantém um culto à melancolia. Se por um lado ela é vista como um pecado, por outro lado, pela via do misticismo, é considerada um caminho que conduz a Deus, via esta que se intensifica na Idade Média sob a forma de acedia.

A Reforma, através de seu principal representante, Lutero, também cultiva a melancolia na medida em que retira das ações do homem a possibilidade de expiação das faltas. Apenas na fé a salvação pode ser encontrada. O barroco é herdeiro desse estado d'alma melancólico. O ensimesmamento, a autocontemplação exagerada, a culpabilização fazem parte desse universo depressivo.

Nos séculos XVI, XVII e XVIII, período que corresponde ao classicismo, para Michel Foucault, produz-se uma passagem de uma causalidade sustentada pelas substâncias — ainda a teoria dos humores — para uma causalidade das qualidades. Surge a noção de uma transmissão da qualidade do corpo para a alma, do humor para as ideias, dos órgãos para o comportamento. No século XVIII, a análise da melancolia está cada vez mais dirigida para a ênfase nas qualidades — solidão, inibição, amargura e tristeza. Data desse século, através dos trabalhos de A.C. Lorry, o surgimento de duas concepções de etiologias distintas: nervosa e humoral. Contrações excessivas das fibras do sistema nervoso, por um grande espasmo, se fariam seguir por uma atonia, languidez, que explicaria as alternâncias de paroxismos e desfalecimentos no comportamento melancólico.

Devemos a Phillipe Pinel a primeira tentativa de uma nosografia. Em fins do século XVIII o estudo das perturbações mentais começa a constituir um ramo da medicina. Pinel baseava-se, sobretudo, na observação clínica, procurando agrupar sintomas em síndromes, porém sem uma preocupação teórica maior. A melancolia é então considerada um "delírio dirigido exclusivamente sobre um objeto ou uma série particular de objetos, com abatimento, morosidade, e mais ou menos inclinando-se ao desespero". Surge a ideia de que a melancolia decorreria de um falso julgamento do doente sobre seu próprio corpo. Os trabalhos de Pinel foram desenvolvidos pelo seu discípulo Esquirol, que se empenhou em descrições clínicas detalhadas e mais precisas. Esquirol destacou uma nova classe, as *monomanias*, que agrupava por um lado *a mania sem delírio* de Pinel e uma parte da melancolia, e por outro, a *lipemania*. A melancolia é definida por ele, em 1819, como uma monomania: tristeza, abatimento ou desgosto de viver que se fazem acompanhar muito frequentemente de um delírio sobre uma ideia fixa.

O século XIX fecha terminantemente a teoria dos humores, e nesse movimento de repúdio a designação de melancolia também perde terreno. Surge a expressão "monomania triste", ou "lipemania". A psiquiatria mantém uma ênfase na psicose maníaco-depressiva que recebe de Emil Kraepelin a descrição mais completa do quadro clínico; uma alternância de acessos maníacos (podendo atingir uma dimensão delirante) e acessos depressivos. Formas mais leves podem apresentar uma baixa de humor e inibição psíquica. O primeiro *Compêndio de psiquiatria* de Kraepelin aparece em 1883 e durante todo o fim do século XIX e primeira metade do século XX sofre revisões, terminando por constituir uma obra de duas mil e quinhentas páginas.

O período que vai de fins do século XIX, ao início do XXI é muito rico, na medida em que marca definitivamente uma nova maneira de pensar a doença mental, a partir de visões completamente distintas, como é o caso da leitura da psicanálise e da psiquiatria biológica.

De alguma maneira, o surgimento dos asilos muito contribui para a "transformação de uma doença da grandeza da alma e do gênio em miséria afetiva". Verdadeiramente, o caráter "sublime" da melancolia entra em declínio.

No final do século XIX, a *neurastenia* ganha a dimensão de "doença da modernidade". O acelerado desenvolvimento industrial, a agitação dos grandes centros urbanos, as novas condições de vida disseminam uma fadiga generalizada. O operário e a operária são símbolos do homem e da mulher extenuados. Devemos a George Beard a definição da neurastenia como doença da vida moderna. Tal definição é de extrema importância, pois atribui uma nova etiologia para o adoecer mental, ou seja, já não se impõe uma relação entre uma lesão orgânica e uma síndrome apresentada. Fatores sociais de diferentes modalidades podem ser considerados fonte de adoecimento. Surge então uma nova causalidade, distante dos padrões tradicionais da medicina. Um acontecimento que gere uma reação patológica pode assumir a dimensão de um trauma e ser o fator desencadeante. A nervosidade entra no campo da medicina e da arte. Abre-se nova área de pesquisa, pois não é suficiente afirmar uma etiologia social, porém investigar o porquê desse acontecer.

Cabe a Charcot, nesse momento, um importante papel. Contrariando a opinião mais aceita, ele questiona a maior incidência da neurastenia nas classes trabalhadoras e eleva a noção de trauma como elemento da maior importância entre os fatores etiológicos, que podem acontecer a qualquer um. O diagnóstico de histeria ganha nas mãos desse eminente psiquiatra um estatuto de doença que não possuía antes. Tanto homens como mulheres podem apresentar reações histéricas, ou seja, sintomas que não apresentam um correspondente físico que os justifiquem. A histeria masculina é preferencialmente atribuída a acidentes e causas tóxicas, enquanto a feminina é sobretudo provocada por emoções. Essa leitura da histeria dá origem ao conceito moderno de neurose: uma doença mental, sem substrato orgânico, porém devida a uma causa de origem traumática. Charcot foi um grande mestre para Freud.

Além de Freud, outro importante nome desse momento pode ser mencionado: Pierre Janet. Freud desenvolve a noção do trauma e insiste em sua dimensão sexual. Janet desenvolve um raciocínio que enfatiza o lado orgânico. Como veremos, o primeiro abre o campo da psicanálise e o segundo alimenta a visão biológica da doença mental.

A fonte social do sofrimento

Freud, em seu texto magistral *O mal-estar na civilização*, afirma muito claramente que só podemos desfrutar a felicidade como um "fenômeno episódico", pois somos limitados em nossa capacidade de senti-la. Entretanto, a infelicidade pode ser experimentada com muita facilidade, pois padecemos permanentemente de três grandes ameaças de sofrimento: nosso próprio corpo, que nos envia sinais de alarme através da dor e da angústia devido a seu inevitável processo de envelhecimento; o mundo externo, que pode nos lançar ataques intensos e destruidores; e, finalmente, o desgosto decorrente de vínculos com os outros seres humanos, que de todos os males é o mais ingrato. Assim, a busca da felicidade acaba por se transformar, apenas, em um esforço para evitar a infelicidade: buscar o isolamento para evitar os conflitos com os semelhantes, tentar proteger-se das intempéries da natureza, procurando agir sobre a própria natureza, e, por último, agir sobre o próprio organismo, quando ele mesmo faz parte dessa natureza.

Freud se detém particularmente na "fonte social do sofrimento" e nos chama a atenção para a situação paradoxal de o próprio homem ser responsável por criar situações que se revertem em maior fonte de mal-estar. Para ele, uma análise histórica acurada poderia nos levar a determinados acontecimentos que teriam contribuído para produzir essa atitude de hostilidade para com a civilização. Afastado da natureza, o indivíduo é submetido a uma série de frustrações, na procura de atingir um ideal culturalmente estabelecido, e é dessa situação que vai surgir a sua neurose. O grande progresso efetuado pela ciência e sua aplicação técnica, altamente elogiáveis, não tornam o homem mais feliz. Ele pode sentir-se onipotente, qual um "Deus de Prótese" com todos os apetrechos que criou, porém verdadeiramente nada faz parte dele.

Freud chama a atenção, ainda, para a presença de um sentimento de culpa no homem, decorrente do desenvolvimento da civilização, e assinala que o preço que pagamos por todo esse avanço é uma perda de felicidade e um ganho de culpabilidade. E a culpa tortura, sobretudo, o melancólico.

Pesquisas epidemiológicas, publicadas pela Organização Mundial de Saúde, pela Associação Americana de Saúde e por outros organismos, apresentam conclusões que não se afastam da análise freudiana no que se refere ao mal-estar na cultura. Quais sejam, que nossa civilização atua de uma maneira que favorece a depressão. As grandes modificações sociais, as alterações nas relações entre o homem e a sociedade, sobretudo depois da Segunda Guerra Mundial, falam-nos do incremento desse sofrimento. A depressão pode, sob esse viés, ser considerada uma "patologia das mudanças". E, curiosamente, segundo uma análise sociológica de massa realizada na França, ela é menos gerada em períodos de crise econômica do que em fases de relativa estabilidade e abundância. São as grandes mutações do pós-guerra que determinam em larga escala o desenvolvimento dessa patologia. Podemos observar, sobretudo, mudanças que tocam as relações entre os homens, ou seja, o ponto em que Freud situa a maior fonte de infelicidade. E se falamos de uma patologia das mudanças, no que diz respeito a esse aspecto tão enfatizado por Freud das relações humanas, podemos também caracterizar uma "patologia dos vínculos" que se desenvolveu e se desenvolve estritamente ligada às mudanças.

Essa análise de um mal-estar provocado pela cultura nos defronta, entre outras coisas, com uma possibilidade de pensarmos uma dimensão histórica dos sintomas. Ou seja, determinados momentos de nossa história propiciariam o surgimento de determinadas formas sintomáticas. Existiria, é verdade, uma modalidade de sintomas que não sofreria variações, os quais o psicanalista francês Jacques Lacan chama "fora de discurso"; nessa categoria estão incluídas as psicoses: esquizofrenia, melancolia e paranoia pura. Seguindo essa direção, uma melancolia psicótica não manifesta hoje uma distinção fundamental da apresentada na época de Homero.

É, pois, dentro dessa visão histórica do sintoma — ou "hystórica", como se referiu Lacan, criando um neologismo para caracterizar esse lado histérico do sintoma — que vamos tentar levantar algumas hipóteses para o assustador incremento das depressões.

Quero deixar claro que essa plasticidade do sintoma, essa vinculação ao momento histórico, não é a principal contribuição de *O mal-estar na civilização*, e sim o lugar inexóravel do sofrimento para o homem, essa *irredutibilidade do mal-estar*, tal como Lacan aponta em seu texto *Televisão.* Em outras palavras, o homem não vive sem o seu sofrimento.

Pesquisas recentes detectam no século XX e no XXI uma verdadeira epidemia no que se refere às depressões. As grandes e aceleradas mudanças transmitem insegurança e acentuam o sentimento de desamparo. As permanentes crises econômicas, o desemprego, as alterações no conceito de trabalho, as guerras e revoluções, as ideologias que se esfacelam, as modificações nas relações e estruturas familiares, a liberdade sexual, a fragilização das figuras paternas e de autoridade, a expansão do universo virtual confinando o homem a uma vida cada vez mais solitária, o uso abusivo das drogas, a violência urbana, a miséria crescente — enfim, frente a tudo isso, não é difícil constatarmos que vivemos um momento fortemente depressor.

O ser humano conquista a liberdade para tornar-se artífice de seu próprio destino, livre do peso das tradições e poderes arbitrários e garantido por uma série de direitos. Ele tem a liberdade de construir a própria vida. Contudo essa liberdade, se por um lado garante a possibilidade de construção de uma vida independente, também gera insegurança e desamparo. Confrontado com a sua capacidade para "vencer na vida", todo insucesso joga o homem em profundo sentimento de insuficiência. A liberdade de pensamento e garantias para agir não se deixam acontecer sem produzir o peso da responsabilidade de construir-se e encontrar um sentido para a própria existência. Na luta para conseguir a sua realização pessoal, o conflito gerado pela própria insuficiência e a culpa pelo não sucesso se traduzem em um discurso de autorrecriminação — ponto nuclear de um estado depressivo.

Freud não deixa, contudo, de apontar, ainda nesse texto, o caráter principal da maneira como a sexualidade se estrutura e é vivida no ser humano. Ele afirma que o homem civilizado tem a sua sexualidade prejudicada como se estivesse "em processo de involução, enquanto função, tal como parece acontecer com nossos dentes e cabelos".

Lacan acrescenta, ainda em *Televisão*, que não há possibilidade de superação do que Freud atesta como uma maldição sobre o sexo, na medida em que é impossível bem-dizê-lo. Para ele, esse é o tema que foi desenvolvido em toda a obra freudiana e que culmina em *O mal-estar*.

Apontando para a dificuldade de amar, interrogando e concluindo pela impossibilidade de obediência ao mandamento "Amarás o teu próximo como a ti mesmo", Freud acaba por afirmar a existência de uma maldade, "uma poderosa quota de agressividade", inerente a todo ser humano. O homem não é essa criatura gentil que todos gostariam que fosse.

Em verdade, essa interdição, essa impossibilidade de amar o próximo como a si mesmo, segundo Lacan, aponta para uma barreira ao gozo. Entre o homem e a mulher algo sempre claudica, algo permanece não realizado, na medida da impossibilidade de que o gozo seja compartilhado. E, se o gozo permanece solitário, o amor, enquanto procura de fusão, de fazer-se um, surge como impossível.

A solidão faz-se sempre acompanhar do sentimento de tristeza, afeto por excelência da depressão. Estar só no mundo, incapaz de sentir-se amado e de amar, porém portador de "uma grande ânsia de amor"; eis o que sente o melancólico.

A depressão hoje

A depressão — ou as depressões, melhor dito — assume hoje um caráter epidêmico e interroga: como uma doença considerada mental pode assumir essa característica?

Em fins do século XIX, a histeria se manifestava de uma maneira tão dominante que se transformou em alicerce de uma nova ciência, a psicanálise, que trouxe um método próprio de tratamento da doença mental. Hoje, é a depressão que desafia, não apenas questionando diagnósticos, etiologias e tratamentos desse mal-estar mas, posso dizer, interferindo também na própria concepção de doença mental.

A depressão domina a humanidade nesse fim de século XX e início do século XXI, tornando-se inclusive um meio privilegiado de compreensão do homem contemporâneo. As diferentes abordagens propostas para dar conta desse universo mórbido apenas refletem a complexidade do ser humano e o caráter redutor de cada leitura.

As estatísticas são alarmantes: em 1970, havia cerca de cem milhões de deprimidos no mundo; trinta anos mais tarde chegam, talvez, a um bilhão. Vários relatórios de órgãos oficiais consideram a depressão como a quarta causa mundial de deficiência, com a estimativa de que, nos próximos vinte anos passará ao segundo lugar. Nos países em vias de desenvolvimento, ainda que pouco diagnosticada, ela deve ocupar o primeiro lugar. Na França, em dez anos (1980-1991) ela aumentou em 60%, um milhão a mais de diagnósticos, e sobretudo entre as mulheres. No período de 1980 a 1989, os Estados Unidos registraram entre 2,5 e 4,7 milhões de consultas e prescrições de antidepressivos. A Organização Mundial de Saúde prevê para os próximos anos que a depressão seja um dos dois grandes problemas de saúde pública, podendo mesmo ultrapassar as doenças cardiovasculares.

A evolução rápida de cifras tão alarmantes intriga os epidemiologistas, que se interrogam sobre a transmissibilidade fora do universo dos vírus e germens. Como pode ser transmissível esse mal-estar psíquico? Que forma de contágio pode ser pensada?

Podemos levantar hipóteses. O crescente mal-estar que a civilização provoca e a excessiva medicalização da vida, enfatizando o papel da força publicitária dos grandes laboratórios e do mercado dos psicofármacos, atuariam como fortes elementos propiciadores de transmissão.

Verdade é que, apesar da dificuldade em definir a depressão, há um consenso em considerá-la a doença do homem contemporâneo, a doença da atualidade.

É possível estabelecer duas grandes linhas interpretativas sobre a depressão, que se desenvolvem no início do século XX, a partir dos pensamentos de Sigmund Freud e Pierre Janet. A primeira, muito embora colocando ênfase na ideia de *conflito*, não deixa de apontar para o seu caráter estruturante, e a segunda, para uma noção de insuficiência, uma deficiência inata. Freud abre o caminho da intervenção psicanalítica e psicoterapêutica e Janet fortalece a visão psiquiátrica do déficit orgânico e biológico. O esforço diagnóstico e terapêutico acaba por estabelecer dois grandes grupos, um liderado pelos psicanalistas e psiquiatras de orientação psicanalítica, como são denominados, e outro agrupando os psiquiatras que, seguindo uma tradição kraepeliana, procuram enfatizar menos as causas etiológicas e mais a sintomatologia, através de modelos padronizados, descrições de síndromes e enumeração de sintomas.

As leituras psicanalíticas

A contribuição que a psicanálise trouxe para a compreensão da doença mental é um divisor de águas. A análise freudiana introduz inegavelmente uma nova maneira de pensar o sofrimento psíquico: enfatizando a noção de conflito entre as possibilidades efetivas de realização de um indivíduo e os imperativos de um ideal exigente, Freud abre o caminho que conduz a valorizar o homem dentro de sua singularidade e marca a importância de seu discurso, de sua palavra, para a compreensão do sofrimento.

Freud não afasta o valor das descobertas da biologia, porém aponta para uma complexidade da condição humana que elimina toda possibilidade de reducionismo de qualquer análise. Ele chama atenção para o valor que a sexualidade possui na etiologia das neuroses, mostrando como o fato de ser falante leva o ser humano por caminhos desviantes no que toca à possibilidade de sua realização sexual. Destaca ainda o fato de que, ao ser sempre mediado pela palavra no seu contato com a realidade, esse homem sofre uma divisão que a própria palavra impõe. A noção de inconsciente, central em sua teoria, aponta para essa divisão. O homem fala, mas é também falado. Por trás do que ele diz há um dizer que lhe escapa.

Que Freud tenha apresentado uma teoria da melancolia é uma questão discutida; alguns consideram que sim, outros que não. A verdade é que, diferentemente da neurose obsessiva, da histeria e da paranoia, não existe exposição de um caso clínico de melancolia, muito embora a depressão esteja presente como sintoma nos casos descritos.

Destacando a melancolia do campo das psicoses, criando a categoria das neuroses narcísicas, Freud introduz uma maneira de pensar que interroga os limites entre neurose e psicose. A abordagem da melancolia e o raciocínio que se constitui em torno desta apresentam-se como um campo privilegiado para a evolução da própria teoria psicanalítica. A fronteira entre o somático e o psíquico, o paralelo com o afeto do luto, trazendo a questão central da perda na constituição do humano, faz com que o estudo das depressões nos coloque no caminho do entendimento da constituição do eu.

Freud parte do estudo das chamadas neuroses atuais, ou seja, a neurose de angústia e a neurastenia, provocadas por uma vida sexual insatisfatória. Ele constata que a angústia de seus pacientes está relacionada com a sexualidade. O coito interrompido, por exemplo, é fonte de angústia, uma angústia não prolongada ou recordada, ao contrário da histeria. Assim sendo, sua origem deve ser buscada na esfera física e não na psíquica, ou seja, é um fator físico da vida sexual que irá produzir a angústia, um acúmulo de tensão sexual por um bloqueio na descarga. Esse excesso de tensão sexual passa então por um processo de transformação, e assim surge a angústia.

A partir desse estudo, Freud vai desenvolver algumas hipóteses sobre a melancolia. Ele prossegue no raciocínio econômico e mecanicista, centrado na ideia de represamento ou descarga de energia física e psíquica. Os melancólicos, afirma, apresentam uma espécie de anestesia psíquica, e se na neurose de angústia o bloqueio é de energia física, no que toca a melancolia há que se pensar em uma tensão psíquica que não se satisfaz. Os melancólicos, diz ele, são frequentemente anestésicos, não apresentam desejo de coito, carecem da sensação de prazer, mas demonstram "uma grande ânsia de amor em sua forma psíquica, uma tensão erótica psíquica".

Essa primeira teorização está contida, sobretudo, na correspondência com o amigo Wilhelm Fliess, seu mais importante interlocutor da época. Nas cartas dirigidas a esse erudito otorrinolaringologista, Freud enviava rascunhos, contendo as primeiras hipóteses sobre a psicanálise. É importante comentá-las, na medida em que aí estão referidas questões muito atuais: as relações entre a angústia e a depressão, os limites entre o somático e o psíquico. Alguns desses esboços são dedicados à melancolia, especialmente os chamados Rascunho E e Rascunho G.

Freud chega a se referir de doze maneiras diferentes a esse tipo de sofrimento (depressão, depressão periódica, afetos depressivos, depressão periódica branda, melancolia, melancolia senil, melancolia neurastênica, melancolia histérica, melancolia genuína aguda, melancolia cíclica, melancolia de angústia, estado de ânimo tipicamente melancólico), o que nos indica a própria dificuldade em cernir numa unidade um quadro tão diversificado, assim como uma ausência de preocupação em estabelecer uma distinção no uso das palavras melancolia e depressão.

Freud enumera uma série de sintomas: apatia, inibição, pressão intracraniana, dispepsia e insônia, diminuição da autoconfiança, expectativas pessimistas, entre outros. E, muito embora não precisando uma distinção entre melancolia e depressão, assinala a presença da "anestesia psíquica" na primeira e sua ausência na segunda.

Como eu já disse, é importante registrar a interação e interdependência entre o somático e o psíquico nesse período de descobertas. Contudo vale lembrar que, nesse momento, ainda não existia o conceito de pulsão, justamente o conceito que vai ocupar esse lugar de fronteira entre um universo e o outro. Muito embora a natureza do "grupo sexual psíquico" não seja claramente definida, sobre ele se desenvolve um raciocínio quantitativo de que é necessário um *quantum* de excitação somática para que a energia psíquica seja produzida. Nessa passagem do físico para o psíquico o universo das pulsões e das representações é o que deve ser considerado. Isso porque é através da representação que a excitação poderá ser dirigida para um objeto externo. As representações do "grupo sexual psíquico" constituem, pois, passagem obrigatória para os investimentos objetais.

O melancólico apresenta no entanto uma insuficiência nesse registro, representações lacunares, brancos, espaçamentos. Freud refere-se ao "buraco na esfera psíquica", uma "hemorragia interna", que se instalaria e produziria um empobrecimento da excitação. Essa redução, quando intensa, produziria um retraimento no psiquismo, que por um efeito de sucção levaria os neurônios associados a abandonar sua excitação, produzindo dor. Quando há excesso e comunicação com os neurônios associados, estaríamos frente à mania. Essa alternância entre períodos de mania e de melancolia pode ser explicada porque o primeiro, apresentando um consumo exagerado de excitação, determinaria um empobrecimento, que conduziria ao segundo. Essa explicação neuronal é muito curiosa se pensarmos nas recentes descobertas da psiquiatria biológica, que deposita nas falhas dos neurotransmissores a compreensão da depressão.

A leitura que hoje realizamos desses primeiros escritos de Freud sofre a influência do desenvolvimento posterior da psicanálise. Dispomos já de conceitos que, naquele momento, Freud ainda não havia elaborado. Tomando, então, o viés das representações, como entender essa insuficiência? Ainda em uma carta dirigida a Fliess, de 30 de maio de 1896, Freud diz que quando a força de inibição do pensamento é relaxada advém a melancolia. Estaria ele se referindo a essa fragilidade na constituição do universo das representações? E o que a determina, e como se manifesta?

O discurso do melancólico pode nos apontar direções: pensamento vazio, perda de sentido, monotonia ao falar, a impressão de um domínio da sonoridade da palavra às expensas de sua significação, como se algo faltasse para dar consistência à palavra. A melancolia nos falaria, então, de uma fragilidade, ou insuficiência constitutiva, estrutural. Pedindo auxílio à metapsicologia, aos textos posteriores, podemos especular sobre uma possível dificuldade nas relações entre as representações-coisa e representações-palavra, entre o inconsciente e a organização do pré-consciente que vão ter consequências em uma má estruturação do eu e se traduzem no acentuado sentimento de vazio do qual o melancólico é portador. Essa fragilidade, ou falta de adequação, nas representações tem consequências no investimento do objeto, o que poderia nos levar a supor uma falha na constituição deste, pois o objeto não se constitui a partir de uma satisfação experimentada mas surge vazio, dentro de uma realidade lógica vazia. O discurso do melancólico tem uma lógica niilista. É nesse ponto matricial original, "*primeiras entradas do sujeito*", que algo claudica, e é também por esse caminho que podemos acompanhar a importância da noção de luto como o paradigma normal da melancolia.

Assim, voltamos a afirmar que já nesse primeiro momento de teoria está apontada a relação entre a melancolia e o afeto do luto. *O anseio por alguma coisa perdida*. Uma perda na vida pulsional, que pode ser associada à anorexia, ou seja, falta de libido, falta de apetite. A melancolia é, então, apresentada como um luto pela perda da libido, e o efeito que produz é o da inibição psíquica com empobrecimento pulsional e dor. Freud assinala ainda um vínculo com a histeria e com a neurose obsessiva, esta associada ao desejo de morte do pai, a ambivalência e a culpa.

Essa relação com o luto indica-nos que a questão central que se coloca é a da *perda*, uma vicissitude em torno da relação com a perda, que como sabemos é o ponto de origem de nossa inserção no mundo simbólico. Jogando com o somático e o psíquico, um caminho se abre para que possam ser pensados diferentes destinos no que se refere à elaboração do então chamado "grupo sexual psíquico", representações sexuais que implicariam a constituição do objeto e as consequências de um acontecer, que facilitaria uma fragilidade na própria constituição do eu.

Freud retomará essa relação com o luto em 1917, porém antes de comentarmos esse texto vamos nos deter brevemente em um trabalho de Karl Abraham, seu discípulo, intitulado *Notas sobre a investigação e o tratamento psicanalítico da psicose maníaco-depressiva e estados afins.* É um trabalho rico em detalhes, mas vamos apenas fazer dele uma pequena síntese. O autor, assim como Freud, estabelece um paralelo entre os estados de angústia e os depressivos e marca a presença de ambos tanto nas neuroses como nas psicoses. A angústia surge quando não há satisfação pulsional por causa do recalque, e a depressão devido ao abandono do objetivo sexual sem que tenha havido satisfação. Tanto uma como outra trazem uma "tendência para negar a vida". A insatisfação com o objetivo sexual transmite um sentimento de não ser amado, assim como uma incapacidade para amar. Abraham destaca, ainda, um paralelo entre a melancolia e a neurose obsessiva grave, decorrente de uma impossibilidade de desenvolvimento normal da libido pelo constante choque entre amor e ódio.

Havendo um predomínio da tendência hostil em relação ao mundo, consequentemente há uma redução da capacidade de amar. O recalque do componente sádico produz uma incerteza nas relações afetivas, autoacusações e aumento das tendências masoquistas. Quanto mais intensos são os sentimentos de ódio inconscientes, maior a tendência para as ideias delirantes de culpa e o sentimento depressivo. Assumindo uma posição passiva, o paciente acaba por obter prazer de seu sofrimento. É, contudo, importante assinalar a ênfase atribuída à diferença entre a depressão neurótica e o afeto de pesar e luto. A melancolia traz uma fonte de prazer oculta.

Ao contrário do que comentamos sobre as hipóteses desenvolvidas na correspondência com Fliess, em 1917, ano em que *Luto e melancolia* foi publicado, alguns conceitos de importância fundamental já haviam sido elaborados: o inconsciente, o narcisismo, libido do eu, libido do objeto, eu-ideal, ideal do eu.

Eram tempos de guerra, sombrios portanto. Freud inicia estabelecendo um paralelo entre o sonho como protótipo normal das perturbações do narcisismo e o luto como protótipo da melancolia. A noção central em torno da qual gira esse estudo é a *perda*. O luto é decorrente de uma perda real, morte ou abandono de uma pessoa querida, ou uma abstração que ocupe esse lugar, enquanto na melancolia encontramos uma perda mais ideal; não há clareza sobre o que realmente foi perdido. O melancólico pode saber *quem* ele perdeu, porém não sabe o *que* de fato perdeu. Enquanto no luto o perdido é absolutamente consciente, na melancolia há uma perda que foi retirada da consciência, ou seja, é desconhecida.

O estudo da melancolia trouxe importante enriquecimento para a teoria do eu, evidenciando que a autorrecriminação do melancólico, o seu delírio de inferioridade, sobretudo moral, implicam o seu empobrecimento: "No luto é o mundo que se tornou pobre e vazio; na melancolia é o próprio eu." Estamos assim frente a uma divisão onde uma parte se contrapõe a outra, transformando-a em objeto e avaliando-a de uma maneira crítica, extremamente severa. Destaca-se, pois, uma consciência moral, uma censura, que juntamente com a prova da realidade constitui importante instância dentro do eu e que tem papel ativo na produção de conflitos. O caminho do conceito de supereu encontra-se, assim, traçado.

Esse texto evidencia, também, a dimensão narcísica do eu e a complexidade da relação com o outro na sua estruturação e origem. O melancólico debate-se em seu sofrimento com um outro a quem ama, amou ou deveria amar. Sua autocensura, em verdade, é uma acusação dirigida ao objeto. Freud menciona uma "constelação psíquica da revolta", revolta pela ofensa ou decepção que em algum momento foi sofrida. O par amor-ódio desempenha aqui importante papel. Se o objeto frustra, há um retorno da libido em direção ao eu, que se manifesta no "ensimesmamento", na pouca comunicabilidade do sujeito. Há um retorno à identificação narcísica originária. Assim, decorrente dessa dificuldade na relação com o outro, no investimento libidinal do objeto, temos, por um lado, uma regressão ao narcisismo e, por outro, uma volta à etapa do sadismo. O suicídio do melancólico é visto por Freud como um ato que representa um retorno a si de um ódio e de um desejo de matar o outro. O eu mata a si próprio na medida em que se toma como objeto. O "complexo melancólico" é comparado a uma ferida aberta que necessita de investimentos e acaba por empobrecer o eu.

No período que se segue a 1921, enfatizando o mecanismo de identificação, Freud nos diz da sua importância na "determinação da forma tomada pelo eu". A instalação do objeto perdido dentro do eu é o que propicia a condição de ele ser produto de investimentos abandonados e conter a história de suas escolhas objetais. A primeira identificação apontada por Freud realiza-se com o pai e constitui a origem do ideal do eu, instância que nos fala dos ideais incorporados pela criança. A tensão entre o ideal do eu e as possibilidades reais do eu gera culpa, que se presentifica na melancolia de forma bastante severa. O melancólico aceita as reprimendas do seu supereu, admite a culpa e se castiga. Em 1924, Freud concluiu pela existência de uma neurose narcísica e nessa categoria situou a melancolia, ou seja, uma neurose decorrente de conflitos entre o eu e o supereu.

Melanie Klein. Psicanalista de origem alemã mas que desenvolveu seu pensamento na Inglaterra, Melanie Klein traz uma importante contribuição ao estudo das depressões. Essa autora dedica-se especialmente a teorizar o desenvolvimento precoce da criança. Tendo sido ela própria analisada por Karl Abraham, Klein descreve duas posições, as quais chama respectivamente de *esquizo-paranoide* e *depressiva*, que não apenas são povoadas pelas angústias e defesas desses estágios precoces, mas podem ser reativadas em circunstâncias particulares da vida, caracterizando estados patológicos. A posição esquizo-paranoide constitui o primeiro tipo de relação de objeto, presente na fase oral, em que se presentificam angústias características das psicoses que conduzem o eu a acionar mecanismos de defesa específicos. Nessa fase, podemos situar pontos de fixação das perturbações psicóticas. Já a posição depressiva se estabelece durante o primeiro ano de vida, quando ocorre uma atenuação das pulsões e fantasias sádicas. Se na primeira fase da relação de objeto este se apresenta clivado em seio bom e seio mau, nessa segunda fase, o objeto é internalizado em sua totalidade. Amor e ódio se presentificam no espírito da criança e a angústia se manifesta no medo da destruição que pode ser causada ao objeto tanto externo como interno. Culpa e sentimentos depressivos surgem e transformam-se na necessidade de preservar o objeto amado e reparar as pulsões e fantasias destruidoras.

Para Klein, é no início dessa posição que as condições para o desencadeamento da psicose maníaco-depressiva se estabelecem, e tanto no luto normal quanto no luto patológico e nos estados maníaco-depressivos a posição depressiva infantil é reativada. A criança no curso de seu desenvolvimento mais precoce atravessa um estado maníaco-depressivo temporário, assim como um estado de luto, que sofrerá modificação quando da neurose infantil.

Não ter estabelecido bons objetos internos e não se sentir seguro em seu mundo interior podem ser responsáveis pelo surgimento da psicose maníaco-depressiva. Klein defende, assim, a presença da depressão na própria constituição de todo ser humano.

Jacques Lacan. Lacan não trabalha a questão da melancolia e das depressões de uma maneira sistematizada nem nos oferece a discussão de um caso clínico. Entretanto, o seu pensamento nos permite de alguma maneira avançar na compreensão dessa afecção. Ele faz, ao longo do seu ensino, referências a depressão narcísica, depressão melancólica, sentimentos de depressão, depressão psicologizante, melancolia. Contudo, sua maior contribuição será em torno da noção de luto e do lugar que a perda do objeto ocupa na estruturação do sujeito e na constituição do objeto do desejo e da fantasia.

O luto, assim colocado, vai ocupar um lugar fundamental e, na medida da sua relação com a melancolia e as depressões, podemos inferir que nos constituímos dentro de uma depressividade, ou seja, que o homem tem uma tendência à depressão pela sua própria constituição. O luto se presentifica, pois, na estruturação básica do sujeito e na constituição do objeto. A impossibilidade da relação de objeto é um traço de estrutura e diz respeito à própria constituição do objeto: Lacan desloca as teorias sobre a relação de objeto para uma teoria sobre a falta de objeto.

Podemos, nessa direção, imaginar um momento em que a impossibilidade para a criança de obter a satisfação plena de seus anseios através de um objeto, no caso a mãe, se consolida, e ela tem que renunciar a essa expectativa de plenitude. A partir do luto decorrente dessa perda é que irá se estruturar a condição desejante, pois o desejo repousa sempre sobre uma falta, e o objeto se constitui sobre o vazio de um suposto objeto de satisfação plena. A criança faz um luto de um objeto sem suporte material, ou seja, não se trata de um objeto real, mas de algo que em princípio teria permitido uma experiência de satisfação plena. Uma perda da "Coisa" no objeto. Nessa dimensão, a condição de impossibilidade é então característica do objeto do desejo, ou seja, objeto sem correspondência: "O objeto do desejo é um existente absoluto sem correspondência."

É curiosa essa relação que se estabelece então entre perda, luto e desejo, à qual podemos ainda articular a falta. Falta não apenas do que faz falta mas também, enquanto culpa, pois sabemos que o sujeito padece de uma culpabilidade originária, como se fosse ele próprio o responsável pela sua perda. Freud se refere a um sentimento inconsciente de culpa. Lacan aponta a relação dessa culpa originária, o pecado original, com o gozo, ou seja, o que fica excluído do simbólico.

Frente ao vazio de uma falta, um buraco no real, um apelo é feito à ordem significante quando o sujeito se insere em um universo simbólico. O luto apela para a totalidade do significante.

Lacan recorre à álgebra na impossibilidade de encontrar uma palavra que possa explicitar funções e posições que tenta descrever. Assim, ao comentar *Luto e melancolia*, ele utiliza as notações *a*, *i(a)*. O *a* como "o que não se tem mais", resto, objeto causa do desejo; *i(a)* como função central do investimento narcísico, imagem especular, eu-ideal, função de constituição do eu por uma série de identificações.

Estamos no ano de 1963, quando foi proferido o seminário sobre a angústia. Nele Lacan desenvolve um raciocínio a partir do que Freud disse em *Luto e melancolia* e dos conceitos que ele próprio introduz na psicanálise. Vamos fazer um recorte dessa passagem teórica. Lacan pontua que a distinção entre o *a* e o *i(a)* é da maior importância para se compreender o que foi dito da diferença entre o luto e a melancolia, ou seja, entre a imagem narcísica e o que é perdido na própria constituição dessa imagem. Enquanto o problema do luto é o da "manutenção dos vínculos por onde o desejo está suspenso de *i(a)*", isto é, da imagem especular, no que se refere à melancolia temos que pensar na relação com o *a*.

Lacan destaca que é importante fazer a distinção entre a imagem narcísica *i(a)* e o que se desprende em sua própria constituição, *a*, já que este último está sempre velado, mascarado atrás do primeiro. Para ele, o melancólico necessita passar através de sua própria imagem para atingir esse objeto que o transcende e para dar-se conta de que sua queixa de ser nada em verdade não se dirige à sua imagem especular, ou seja, não é uma queixa de má aparência, porém de "ser o último dos últimos". E não apenas de "ser", mas também de "ter", na medida em que a autoacusação implica o ter sido arruinado. Lacan fala, ainda, em *suicídio do objeto*. Ele aponta que o objeto se constituiu, mas que por alguma razão desapareceu. Em suas autoacusações, o melancólico está inteiramente no simbólico, assinala ele no seminário *A transferência*.

Essa relação com o objeto *a*, que é resto de operação mas que também se constitui como objeto causa do desejo, é importante para que possamos compreender as vicissitudes do melancólico em relação ao desejo, assim como permite a compreensão do que ocorre no ciclo melancolia-mania. Na mania há exaltação do suposto encontro com o objeto totalizador.

Toda essa teorização nos remete para a dimensão narcísica do eu, sendo então importante dizer algumas palavras sobre o momento teórico lacaniano intitulado *estádio do espelho*.

Lacan reforça a tese freudiana da melancolia como uma neurose narcísica, ou seja, é nos primórdios da constituição do eu — estágio teórico chamado narcisismo, pois toca na questão da relação com a própria imagem — que podemos situar esse acontecer. Ele nos oferece, através do estádio do espelho, o ponto de ancoragem onde algo pode falhar, não se constituir, o que comprometeria radicalmente a absorção do "sentimento de si" — sentimento que não está dissociado do sentido da vida. Tanto no discurso do melancólico como nas depressões ocasionais, a queixa da perda do sentido da vida é uma constante, assim como da desvalorização de si.

O estádio do espelho é o momento em que a criança organiza em uma totalidade, unifica através da imagem especular, sensações de incoordenação e fragmentação de um corpo marcado por uma prematuridade e imaturidade ao nascer, características do ser humano. Antecedendo a esse momento unificador encontramos uma fragmentação, pequenos *a* em desordem, pedaços do corpo original, que podem ou não ser incluídos quando da constituição da imagem. Para Lacan, esse momento pré-especular é muito importante e pode caracterizar um primeiro instante de separação entre o embrião e seus envelopes.

Ao se contemplar, a criança é tomada de júbilo frente à imagem especular unificada e procura no Outro, que a sustenta, um sinal de confirmação, de reconhecimento, que lhe chega pelo olhar, pela voz, pelo gesto materno. Esse momento, embora possa ser dito assim de uma maneira tão esquemática e simples, carrega uma grande complexidade. Ao ser integrada em uma imagem unificada, a criança também sofre um processo de alienação, por ser constituída por essa imagem que vem de fora e que, de fato, não a totaliza. Algo fica fora, algo resiste à especularidade, permanece como um resto, marcando, assim, uma falta que por sua própria natureza clama pelo preenchimento — que, entretanto, não poderá ser dado.

Essa suposta integração com o que foi perdido é a base do conceito de fantasia, que Lacan estabelece numa fórmula que marca o encontro do sujeito dividido com um possível objeto representativo do que fora perdido: $ ◊ a. É pois a fantasia que sustenta a condição desejante do ser humano. O sujeito deseja o que lhe falta; não havendo falta não há desejo.

O que se passa com o melancólico? Freud fala de "um buraco na esfera psíquica", de uma perda sem referência, pois se sabe que houve perda porém se ignora o que foi perdido. Refere-se à incorporação do objeto perdido, estabelece um paralelo com o luto, situando, então, o melancólico como um enlutado na vida e conclui que a neurose narcisista decorre de conflitos entre o eu e seus ideais, entre um supereu cruel e um eu frágil. Lacan segue nessa direção, elabora uma teoria do luto, apresenta-nos um momento teórico (o estádio do espelho) que nos permite ampliar a compreensão do processo de constituição do eu.

Lacan sempre manteve a atenção voltada para o tema do eu. Para ele, Freud teria deixado a noção de narcisismo em um vazio teórico. E a partir desse vazio ele inicia a sua contribuição ao campo da psicanálise. Acentua a dimensão narcísica e imaginária do eu e aponta para uma dimensão paranoica na constituição desta instância. Aprofunda a noção de perda do objeto e constrói um novo conceito: o objeto a. O melancólico identifica-se a esse objeto resto de uma operação de constituição do sujeito, o que nos abre o caminho para a fragilidade do desejo na melancolia mas não sua inexistência, como na psicose.

Em *Televisão*, já na etapa final de seu pensamento, Lacan privilegia o termo *tristeza*, que ele diz ser qualificada de depressão, e a considera uma falta moral, um pecado, uma covardia a partir do pensamento e do dever de bem-dizer. Segue a concepção de *acedia*, expressão usada pela Igreja Católica para designar "uma constelação de sentimentos e condutas pouco habituais, uma preocupação e tristeza do coração vinculada aos pecados capitais"; a expressão pode ser encontrada em são Tomás indicando uma alteração da vontade na procura dos bens, por uma perversão dos desejos.

Complexo materno e complexo paterno. Os estudos que se seguiram tanto a Freud como a Lacan, na sua grande maioria, referem-se tanto à crueldade da figura materna no melancólico, quanto à morte do pai, incorporação do pai morto, como ingredientes para esse sofrimento. Sabemos que na riqueza da clínica, na dificuldade mesma de diagnosticar, diferentes hipóteses interpretativas são elaboradas. Para dar prosseguimento ao nosso texto, vamos agrupar as considerações em torno da relação precoce com a mãe no que chamaremos de *complexo materno*, e tentaremos igualmente traçar as linhas do que denominaremos de *complexo paterno*.

Complexo materno do melancólico: as referências às dificuldades com a figura materna encontram-se em quase todos os melancólicos e nos textos que se dedicam à melancolia. Já dissemos que a criança passa por um momento de júbilo e exaltação quando recebe a imagem especular que a unifica. Contudo, ela necessita de um assentimento, um reconhecimento do Outro, que lhe confirme essa captação. A mãe é sempre colocada nessa posição de Outro, nesse momento especular, e dessa mãe virá, por um olhar, pela voz, um sinal que ratifica ao *infans* a sua conquista. Se essa resposta não chega, e o olhar materno é vazio e transpassa o bebê, se a sua voz não transmite a harmonia que apazigua, há de se supor que algo da ordem de uma busca constante se cristaliza para a criança.

A teoria lacaniana diz que, nesse momento, é como se a criança fosse habitada pela interrogação: "o que quer o Outro de mim para me reconhecer e me amar?" Se a resposta que lhe é enviada é "nada", o nada se corporifica e a perda assume uma dimensão que sobrepuja qualquer possibilidade de encontro com o objeto que, momentânea ou ilusoriamente, poderia oferecer uma satisfação. Digo ilusoriamente porque, de fato, esse objeto que satisfaria plenamente é, em verdade, um objeto supostamente encontrado — suposição esta que propicia o sentimento de tê-lo perdido. Lacan chama atenção para o *desmame* indicando que é do lado da mãe que ele se dará, ou seja, a mãe tem que perder o seio para o filho para que, no momento da separação, ela possa fazer esse luto junto com o bebê. Essa impossibilidade de ser acompanhado no desmame implica, por sua vez, que essa mãe não pode seguir o filho nesse luto da separação. Para que o bebê possa ter e perder, é necessária a doação materna.

Complexo paterno: alguns autores consideram que "o ser deprimido é uma criança esmagada por um pai onipotente", e que "a interiorização da morte do pai morto é uma dimensão primordial da subjetividade depressiva, assim como da criatividade".

Para Freud, o parricídio original — o ato de matar o pai como fundador da ordem da cultura, esse grande acontecimento da história da humanidade — põe fim à horda primitiva e a substitui pela fraternidade. Origina-se, então, uma predisposição para uma peculiar sucessão de ânimo. O luto pelo pai primitivo decorre de uma identificação com ele e, para Freud, tal identificação com o pai morto é condição para a melancolia. A culpa, o remorso e o amor por esse pai morto transformam-se em uma dívida inesgotável. O triunfo pela morte, a exaltação e o júbilo corresponderiam à mania; o luto e a culpa, à melancolia. É importante contudo assinalar que entre Freud e Lacan existe uma diferença na maneira de interpretar esse mito do parricídio original em relação à culpa. Colette Soler pontua que Lacan liga a culpa não ao pai, mas ao gozo — ou seja, o que é determinado como excluído do simbólico. O gozo é duplamente culpado — pela sua ex-sistência ao simbólico e por vir marcado pelo significante culpa: "pecado original e pecado duplicado, uma vez que ele concerne ao gozo que existe e ao que não existe mais."

A visão da psiquiatria

Na segunda metade do século XX, a psiquiatria se debatia com o caráter diversificado das manifestações da depressão. Em 1980, no encerramento de um colóquio, o eminente professor de Saint-Anne Pierre Pichot declara: "Encontramo-nos frente à questão da subdivisão possível dessa classe por um lado única pelo seu fundo comum, e múltipla por seus aspectos, suas condições de aparição e seus mecanismos."

Tal variedade e multiplicidade de fatores colocou e ainda coloca uma séria dificuldade para a psiquiatria efetivar uma síntese da teoria da depressão, e a noção de *perturbação do humor* é o ponto de reorganização do diagnóstico psiquiátrico, onde os afetos principais são a ansiedade e a inibição.

Uma linha de antidepressivos, de fácil manejo e ampla divulgação entre os clínicos gerais, acaba por introduzir uma nova feição e redefine a depressão. A sua divisão clássica — endógena, exógena e psicogênica —, que repousa em um diagnóstico etiológico, vai gradativamente perdendo terreno, cedendo lugar para uma visão eminentemente sintomática. Inúmeros são os sintomas que podem ser listados: fadiga, insônia, tristeza, inibição, irritabilidade, esgotamento, pensamentos suicidas, ansiedade, anorexia, dores diversas (musculares, abdominais, de cabeça), perturbações cardiovasculares, alcoolismo etc. A prescrição de antidepressivos e sua ação vão definindo um quadro e marcando o diagnóstico. Para Philippe Pignarre, que realizou um estudo sobre o caráter epidêmico dessa doença, a epidemia da depressão tem que ser analisada em íntima relação com a indústria farmacêutica. Diz ele: "É necessário estudar de maneira precisa a forma pela qual a indústria farmacêutica age para compreender as particularidades da epidemia da depressão." Ele denuncia o que chama de campanha feita pelos laboratórios, sobretudo aos médicos generalistas, para diagnosticar a depressão via introdução do medicamento.

É importante assinalar a diferença entre o desenvolvimento da psiquiatria americana e o da europeia, particularmente a francesa, no período entre as duas grandes guerras, assim como após a Segunda Guerra. Nos EUA, observamos que as instituições federais atribuem um papel decisivo ao desenvolvimento das políticas de saúde mental. O National Institute of Mental Health, fundado em 1946, desenvolve pesquisas e exerce uma política de grande amplitude. Nesse momento, não existe ainda por parte dos americanos uma preocupação fortemente classificatória, na medida em que prevalece um ponto de vista psicossocial. Segundo o sociólogo Alain Ehrenberg, a visão americana se caracteriza por três traços principais. O primeiro é a noção de reação defendida sobretudo pelo psiquiatra suíço Adolf Meyer: choques suficientemente fortes podem produzir uma doença mental. O segundo corresponde a uma visão unitária da doença mental — as diferenças entre neurose e psicose são quantitativas e não qualitativas —, constituindo-se, portanto, como uma visão oposta à que parte das ideias de Emil Kraepelin. O terceiro traço é o tratamento etiológico, ou seja, a procura do que subjaz ao sintoma.

Entretanto, o mercado de psicofármacos e o desenvolvimento das ideias da antipsiquiatria levaram os psiquiatras a tomarem uma posição defensiva. O ponto de vista psicossocial é pouco consistente, na medida em que acentua pouca diferença entre o normal e o patológico.

Nos anos 1970, nos EUA, foi lançado o *Manual diagnóstico e estatístico das perturbações mentais*, o DSM III, que representa um esforço de síntese dos fatores biológicos, psíquicos e sociais; domina então a chamada psiquiatria biopsicossocial. Esse manual, resultado de muitos anos de trabalho, em 1987 sofreu uma revisão (DSM-R), surgindo ainda em 1994 o DSM IV, que é considerado como tendo impresso uma nova visão na psiquiatria mundial.

O DSM III procurava definir de uma maneira mais clara a concepção de doença mental. Em verdade, ele representava uma tentativa de unificar a leitura da doença mental excessivamente diversificada pelas diferentes escolas de pensamento psiquiátrico, evitando assim um excesso de julgamento pessoal do médico. Há um esforço no sentido de definir conceitos de base: a noção de perturbação mental, uma cuidadosa abordagem descritiva para conduzir o diagnóstico e, por fim, uma avaliação multiaxial.

O DSM I aportava uma referência à depressão neurótica, ou seja, definia como uma reação depressiva decorrente de um conflito interno ou de um acontecimento grave e claramente identificável. A noção de depressão neurótica é mantida no DSM II. Já o DSM III elimina a ideia de conflito: o conceito de inconsciente não tem importância alguma, a história do paciente não é valorizada e a personalidade desempenha um papel secundário. Para alguns autores, a partir desse manual o diagnóstico da depressão deve preencher exigências: por exemplo, humor disfórico, cujos sintomas podem ser tristeza, irritabilidade e falta de coragem; presença de pelo menos cinco entre os oito critérios da categoria (perda de apetite e emagrecimento, perturbações do sono, fadiga, agitação ou lentidão, falta de interesse, sentimentos de autoacusação ou de culpa, falta de concentração, ideias recorrentes de suicídio). Em verdade a listagem de sintomas é o que prevalece; a singularidade do sujeito e sua história de vida ficam relegadas. A noção de "depressão maior" incluída na categoria de "perturbações afetivas" toma, de alguma maneira, o lugar da distinção entre os fatores endógenos, exógenos e neuróticos na dimensão etiológica. No DSM IV, a melancolia é incluída como uma característica do Transtorno Depressivo Maior ou do Episódio Depressivo Maior, com característica melancólica.

No início do século XXI, surge o polêmico DMS V, acentuando a intenção de medicalizar excessivamente a vida. Comportamentos até então considerados dentro dos limites flexíveis de normalidade aparecem como sinais organizadores de novas síndromes. Por exemplo, "birras infantis" são incluídas como "desregulação do temperamento com disforia", e comportamentos extravagantes de adolescentes aparecem como "síndrome de risco psicótico". Assim, acompanhamos um catálogo com mais de 300 distúrbios psiquiátricos. É ainda importante observar o interesse da indústria farmacêutica em financiar pesquisas, que tendem a aumentar o uso abusivo dos psicofármacos, assim como o incremento de sua aplicação na infância. O DMS V tem suscitado intensas críticas, sobretudo por parte dos psicanalistas.

Na CID 10 (Classificação Internacional de Doenças — OMS, 1993) a palavra melancolia não aparece.

Terapêutica psiquiátrica. Freud chama a atenção para o fato de que o sofrimento é uma sensação que permanece apenas quando a sentimos, e que dispositivos de nosso organismo são responsáveis por isso. Assim, diz ele, o método mais tosco e mais eficaz para produzir uma alteração anímica é a intoxicação, ou seja, a introdução no organismo de substâncias que determinam a produção de prazer. Não apenas indivíduos, mas povos inteiros têm buscado em substâncias embriagadoras a busca da felicidade e o afastamento das misérias da vida.

Assim, a relação entre a procura de um bem-estar e a droga não é um privilégio de nossos dias, tendo acompanhado a humanidade através dos tempos.

Na Antiguidade, sendo a melancolia atribuída a uma etiologia somática, excesso ou corrupção do humor, a terapêutica indicada visava à purgação, ou seja, à expulsão para fora do corpo, a fim de aliviar o cérebro, desse humor corrompido. Através de exercícios físicos e de poções de raízes fortes às quais são atribuídos poderes mágicos, o excesso de humor viciado deveria ser eliminado. O heléboro, a mandrágora, os cataplasmas, banhos de águas termais, sobretudo as drogas revulsivas, foram usadas durante séculos.

No século XIX, o ópio, o haxixe e a cocaína eram considerados verdadeiros antídotos contra o mal-estar da modernidade. Propiciando um bem-estar, favoreciam vínculos sociais mais prazerosos e atenuavam o excesso de individualidade, reduzindo, por outro lado, a solidão, a infelicidade e o sentimento de desamparo.

Entre essas drogas, o ópio se destacava pela sua ação antidepressiva. Transmitia energia sem ser estimulante e, por outro lado, acalmava os agitados. Para alguns pesquisadores da psicofarmacologia, representava um verdadeiro modelo na procura de um antidepressivo, e ainda hoje muitos melancólicos apresentam uma resposta especialmente favorável aos opiáceos.

A descoberta da primeira substância usada no tratamento da depressão, a iproniazida, em verdade foi introduzida no mercado farmacológico para tratar a tuberculose. O seu efeito como estimulante do apetite, da energia de um modo geral, e o estado de bem-estar referido pelos pacientes que a usavam fizeram com que ela passasse a ser empregada como um psicofármaco. Contudo, não apresentava as características dos opiáceos, o que incetivou o pesquisador suíço Roland Kuhn a procurar outra substância que preenchesse essas qualidades. Ele busca precisar o diagnóstico da melancolia estabelecendo uma distinção das neuroses que apresentavam sintomas depressivos. Em 6 de setembro de 1957, apresenta os resultados no Congresso Mundial de Psiquiatria em Zurique. A imipramina, primeiro antidepressivo considerado não estimulante, se dirige especialmente para as consideradas depressões de caráter endógeno, muito embora tenha também efeito sobre as depressões ditas neuróticas.

Entre 1955 e 1960, os trabalhos sobre os psicofármacos se multiplicam. A iproniazida comanda a classe dos inibidores da monoaminoxidase (IMAO) e a imipramina, a das drogas tricíclicas. Em dezembro de 1987 surge o Prozac, graças ao trabalho conjunto de alguns pesquisadores. A serotonina e a noradrenalina, dois neurotransmissores, passam a ser considerados os responsáveis pelas alterações do humor. A fluoxetina é reconhecida como um inibidor seletivo da recaptação da serotonina (ISRS). Com o Prozac, inicia-se a era de ouro dos antidepressivos. Estatísticas afirmam que cinco anos após o seu lançamento esse medicamento já era consumido por mais da metade da população norte-americana. Curiosa coincidência: surgimento da medicação e aumento de casos de depressão diagnosticados.

É importante assinalar que ainda nesse século XX, fora do universo da psicofarmacologia, uma terapêutica não química faz a sua aparição: o eletrochoque. Inventado por Ugo Cerletti e seu assistente Lúcio Bini, essa técnica convulsiva ocupou um lugar de importância nos considerados casos graves. Muito embora produzisse um efeito rápido, o cerletti, como passou a ser chamado, causava grande sofrimento nos pacientes, e justamente por este motivo, durante um período em que a quimioterapia se expandiu, teve a sua prescrição bastante restringida. No momento, volta a ser indicado, porém submetendo o paciente a uma anestesia quando da sua aplicação.

Em 1993 é publicado nos Estados Unidos o livro *Listening to Prozac* [Ouvindo o Prozac] de autoria do psiquiatra Peter Kramer, que causou um grande rebuliço por relatar os efeitos da droga, que já era consumida por metade da população americana. Kramer descreve casos clínicos e aponta os efeitos positivos, mas também revela os riscos da medicação.

O número de novas drogas continua aumentando de forma espantosa. E o consumo, por um grande número de pessoas, dá-se por prescrição do médico psiquiatra mas, sobretudo, do generalista. A psiquiatria biológica, privilegiando a descrição de sintomas, mantém pouca preocupação etiológica e quase nenhuma pela história do paciente. Sob a bandeira de uma pretensa cientificidade, assistimos ao desprezo pela subjetividade do paciente.

É nesse ponto que a psicanálise e psiquiatria se afastam, mas também é nele que poderiam se encontrar, pois sabemos da importância da medicação quando devidamente indicada. Porém estamos absolutamente convencidos de que, sem um trabalho analítico, que permita inclusive ao paciente subjetivar as alterações que a droga produz, os efeitos não são duradouros e, às vezes, podem ser nefastos. A recidiva das depressões é, hoje, uma grande preocupação para os psiquiatras.

Concluindo

Abordar o tema da melancolia e das depressões nos joga em uma rede complexa de interrogações e, se muito já foi dito, cremos que há, ainda, muito a dizer, embora saibamos que um indizível sobre nossas existências escapa a qualquer tentativa de preenchimento. Talvez exatamente por isso a expressão "dor de existir" tenha servido para denominá-lo. De fato, é sobre essa dor da existência que o deprimido nos interroga.

Vimos de início que melancolia e melancolias, depressão e depressões, são formas de nomear que nem sempre estabelecem claramente os seus limites. Atualmente a palavra melancolia dirige-se preferencialmente às formas mais graves desse padecimento e muito frequentemente para adjetivar uma modalidade de psicose, a psicose melancólica, e uma forma extrema de paralisia, como a síndrome de Cottard. Mas também pode surgir para qualificar um estado de ânimo marcado pelo *spleen baudelairiano*, pelo tédio, com uma coloração romântica — a melancolia dos poetas.

Já o termo depressão acaba por designar uma maneira de o ser humano situar-se na vida marcada pela insuficiência e pela perda do sentido na existência. O deprimido carrega uma profunda inibição e o sentimento de ser incapaz de enfrentar a luta pela existência. Os índices dos afetados por esse mal-estar são assustadores. Contudo, se somos tocados pelos números das estatísticas, somos também informados, pela psicanálise, de que em sua forma de ser, singular, cada um porta um matiz diferenciado no que diz respeito ao seu sofrimento; daí a impossibilidade de falar — a depressão.

A indústria farmacêutica, que se ampliou no século XX quando introduziu os antidepressivos, é em grande parte responsável por esse incremento de diagnósticos que rapidamente pode transformar um luto ou uma simples tristeza em doença. A busca da pílula da felicidade é a droga que persegue homens e mulheres atualmente. A tristeza é um afeto presente na depressão, porém não pode com ela ser confundida.

Na procura de estabelecer uma distinção entre melancolia e depressão, Marie-Claude Lambotte assinala que, enquanto o deprimido é capaz de delimitar a origem de seu mal-estar e esboçar tentativas de superação, o melancólico sente-se preso à fatalidade de um destino frente ao qual nada pode ser feito. O deprimido mantém vínculos afetivos, ainda que sustentados pela queixa e pela agressividade; o melancólico se isola, fecha-se em um mutismo, resignado, pois para ele "não há salvação". Assim, queixa e resignação podem marcar uma diferença a ser considerada.

Sabemos que a psicofarmacologia nos oferece recursos para a supressão de sintomas da depressão, especialmente a inibição e a angústia, contudo sabemos também que essa ação no sintoma, via droga, nos confronta com algumas questões, e dentre elas a mais importante é a redução do sujeito à sua sintomatologia, ou seja, a avaliação dos sintomas desconsiderando a subjetividade de quem os porta. A psicanálise nos ensina que a generalização é difícil, e não podemos deixar de observar também que o avanço da psiquiatria biológica não se fez acompanhar de um desenvolvimento de teorização da psicopatologia. Depositar em uma molécula a resolução da "dor de existir" nos parece uma proposta arriscada e simplista.

A psicanálise não ignora o efeito benéfico do antidepressivo quando necessário, mas é importante assinalar que as frequentes recidivas dos pacientes que se submetem apenas a tratamentos medicamentosos estão a indicar que alterações puramente sintomáticas são insuficientes para assegurar uma resolução satisfatória. A questão não é apenas alterar o humor, porém poder interrogar-se sobre a própria causa do sofrimento.

A clínica psicanalítica com pacientes deprimidos é rica e desafiadora. A depressão, sendo considerada o "mal do século", oferece pontos importantes de reflexão para questões que a atualidade apresenta.

O ser humano vive um momento em que a homogeneização, a padronização, a globalização e promessas ilusórias de condições igualitárias de vida conduzem a uma maneira de estar no mundo em que a singularidade de cada indivíduo encontra pouco espaço de sobrevivência. A alienação adquire expressão dominante.

Inevitavelmente, surge a interrogação sobre o sentido singular da existência e, na impossibilidade de obter uma resposta, na ameaçadora exigência de adaptar-se aos padrões de normalidade impostos pela sociedade, homens e mulheres permanecem confrontados com a falta de sentido, com o vazio da existência. A psicanálise tem acompanhado o ser humano nessa interrogação sobre o sentido particular de sua existência.

Referências e fontes

• A bibliografia sobre as depressões e a melancolia é extensa e crescente. A leitura para este livro foi enriquecida por depoimentos pessoais em forma romanceada — *Perto das trevas*, de William Styron (Rio de Janeiro, Rocco, 1991); *As fúrias da mente*, de Teixeira Coelho (São Paulo, Iluminuras, 1998); e *O demônio do meio-dia*, de Andrew Solomon (Rio de Janeiro, Objetiva, 2002) — e por entrevistas como a que Clément Rosset concedeu a Didier Raymond, publicada no *Magazine Littéraire* 411 (jul-ago 2002).

• A seção sobre a história do conceito baseou-se sobretudo na leitura de Jean Starobinski, *La mélancolie au jardin des racines grecques* (Paris, *Magazine Littéraire*, jul-ago 1987); Klibansky, Panofsky e Sakl, *Saturne et la mélancolie* (Paris, Gallimard, 1979); Aristóteles, *La "melanconia" dell'uomo di genio* (Ed. Il melangolo, 1981); Walter Benjamin, *O drama do barroco alemão* (São Paulo, Brasiliense, 1984); Michel Foucault, *História da loucura* (São Paulo, Perspectiva, 1978), Marie-Claude Lambotte, *Estética da melancolia* (Rio de Janeiro, Companhia de Freud, 2000); Jean Chevalier e Alain Gheerbrant, *Dicionário de símbolos* (Rio de Janeiro, José Olympio, 1989).

• Com relação à seção "As leituras psicanalíticas", Freud nos oferece um clássico, indispensável para quem quer que se disponha a falar sobre o tema: *Luto e melancolia*, escrito em 1915 e publicado em 1917. A citação contida na p.35-6 é desse texto. Também de 1915 é o texto mencionado à p.47, descoberto em 1984 por Ilse Grubrich-Simitis e publicado em português como *Neurose de transferência: uma síntese* (Rio de Janeiro, Imago, 1987).

• O texto de Karl Abraham citado, *Notas sobre a investigação e o tratamento psicanalítico da psicose maníaco-depressiva e estados afins*, foi publicado no volume intitulado *Teoria psicanalítica da libido — Sobre o caráter e o desenvolvimento da libido* (Rio de Janeiro, Imago, 1970).

• Sobre a posição depressiva, conceito kleiniano, utilizei particularmente a leitura de *A importância da formação de símbolos no desenvolvimento do ego*, de 1930, e *Algumas conclusões teóricas sobre a vida emocional do bebê*, de 1952.

• Da produção de Jacques Lacan usei, destacadamente, *Seminário sobre o Homem dos Lobos*, em que aponta uma depressão narcisista no paciente; *A relação de objeto* (Seminário 4. Rio de Janeiro, Zahar, 1995); *As formações do inconsciente* (Seminário 5. Rio de Janeiro, Zahar, 1999); *O desejo e sua interpretação* (Seminário 6), onde ele trabalha *Hamlet* e nos expõe em grande parte a sua teoria do luto; *A ética da psicanálise* (Seminário 7. Rio de Janeiro, Zahar, 1991), enfocando sobretudo o conceito de "das Ding"; *A transferência* (Seminário 8. Rio de Janeiro, Zahar, 1998); *A angústia* (Seminário 10), onde ele estabelece a relação da melancolia com o objeto *a*; e *A topologia e o tempo* (Seminário 26), em que menciona a relação entre o pai morto, o superego e a melancolia.

• Leituras importantes também foram *O discurso melancólico: da fenomenologia à metapsicologia*, de Marie-Claude Lambotte (Rio de Janeiro, Companhia de Freud, 1997); *A crueldade melancólica*, de Jacques Hassoun (Rio de Janeiro, Civilização Brasileira, 2002); *O sol negro*, de Júlia Kristeva (Rio de Janeiro, Rocco, 1989); *Dos benefícios da depressão: Elogio da psicoterapia*, de Pierre Fédida (São Paulo, Escuta, 2002); *Clínica psicanalítica: artigos, conferências*, de Charles Melman (Salvador, Ágalma/Edufba, 2000); *La fatigue d'être soi: Dépression et société*, de Alain Ehrenberg (Paris, Odile Jacob); *La maladie mentale en mutation: Psiquiatrie et société*, sob a direção de Alain Ehrenberg e Anne M. Lovell (Paris, Odile Jacob); *La depression est devenue une épidémie*, de Philippe Pignarre (Paris, La Découverte & Syros); e *Prozac: Le bonheur sur ordonnance?*, de Peter Kraner (Paris, First-Documents).

Leituras recomendadas

• Além dos textos já mencionados na seção "Referências e fontes", recomendo ainda a leitura de:

ALMEIDA, Consuelo Pereira de e José Marcos Moura (orgs.). *A dor de existir e suas formas clínicas: Tristeza, depressão, melancolia*. Rio de Janeiro, Contra Capa Livraria, 1997.

ASSOCIAÇÃO Psicanalítica de Porto Alegre. *A clínica da melancolia e as depressões*. Revista da APPOA n.20. Porto Alegre, 2001.

DELOUYA, Daniel. *Depressão, estação psique. Refúgio, espera, encontro*. São Paulo, Escuta/ Fapesp, 2002.

HASSOUN, Jacques. *A crueldade melancólica*. Rio de Janeiro, Civilização Brasileira, 2002.

MOREIRA, Ana Cleide Guedes. *Clínica da melancolia*. São Paulo/ Belém, Escuta/Edufpa, 2002.

PERES, Urania Tourinho (org.). *Melancolia*. São Paulo, Escuta, 1996.

• De Freud destaco alguns rascunhos, especialmente o E, G e o N, presentes em *A correspondência completa de Sigmund Freud para Wilhelm Fliess, 1887-1904* (Rio de Janeiro, Imago, 1996), e textos que se seguiram a 1915, tais como *Sobre a transitoriedade* (1916), *Psicologia de grupo e análise do ego* (1921) *O ego e o id* (1923), *Uma neurose demoníaca do século*

XVII (1922-1923), *Neurose e psicose* (1924), *O futuro de uma ilusão* (1927), *O mal-estar na civilização* (1929-1930), todos encontráveis na *Edição standard das obras psicológicas completas de Sigmund Freud* (Rio de Janeiro, Imago).

• Quanto a Jacques Lacan, vale ressaltar que a leitura dos *Escritos* (Rio de Janeiro, Zahar, 1998) é de fundamental importância para a apreensão de seu pensamento, particularmente, no que toca a sua leitura da melancolia, os textos que se referem à constituição do eu: "O estádio do espelho como formador da função do eu" e "A agressividade em psicanálise".

Sobre a autora

Urania Tourinho Peres é psicanalista e participou da fundação, em 1970, da CLAPP, uma das instituições pioneiras no estabelecimento e desenvolvimento da psicanálise na Bahia. Em 1988 fundou o Colégio Freudiano da Bahia, atualmente Colégio de Psicanálise da Bahia, voltado para a transmissão da psicanálise e a formação do psicanalista e vinculado ao Convergencia: Movimento Lacaniano para a Psicanálise Freudiana. No mesmo ano passou a integrar a École Lacanienne de Psychanalyse, de Paris.

Atualmente é membro correspondente de Insistance — França e A.E. pela Escuela Freudiana de Buenos Aires.

Possui artigos publicados em diversas revistas, é autora de *Mosaico de letras: Ensaios de psicanálise* (São Paulo, Escuta, 1999) e escreveu o posfácio "Uma ferida a sangrar-lhe a alma", da obra de Freud *Luto e melancolia* (São Paulo, Cosac Naify, 2011). Organizou as coletâneas *Melancolia* (São Paulo, Escuta, 1996), *Amorte* (anais do I Congresso Internacional do Colégio de Psicanálise da Bahia, 1996), *A culpa* (anais do II Congresso Internacional do Colégio de Psicanálise da Bahia, 2001), *Culpa* (São Paulo, Escuta, 2001), *Emilio Rodrigué: Caçador de Labirintos* (Salvador, Currupio, Coleção Memorar, 2007) e *Frida Kahlo: Dor e Arte* (Colégio de Psicanálise da Bahia, Coleção Memorar, 2007).

Psicanálise **PASSO-A-PASSO**

- **O adolescente e o outro**
  Sonia Alberti
- **Mito e psicanálise**
  Ana Vicentini de Azevedo
- **Sonhos**
  Ana Costa
- **Édipo**
- **Psicanálise com crianças**
  Teresinha Costa
- **Freud: criador da psicanálise**
- **Lacan, o grande freudiano**
  Marco Antonio Coutinho Jorge e Nadiá Paulo Ferreira
- **A sublimação**
  Orlando Cruxên
- **Freud e a religião**
  Sérgio Nazar David
- **O conceito de sujeito**
  Luciano Elia
- **A teoria do amor**
  Nadiá Paulo Ferreira
- **Histeria: o caso Dora**
  Nadiá Paulo Ferreira e Marcus Alexandre Motta
- **A interpretação**
  Laéria Fontenele
- **Freud e a cultura**
  Betty Fuks
- **Política e psicanálise**
  Ricardo Goldenberg
- **A psicose**
  Andréa M.C. Guerra
- **Angústia**
  Sonia Leite
- **Linguagem e psicanálise**
  Leila Longo
- **Para que serve a psicanálise?**
- **A transferência**
  Denise Maurano
- **Depressão e melancolia**
  Urania Tourinho Peres
- **Feminino/masculino**
  Maria Cristina Poli
- **Os outros em Lacan**
  Antonio Quinet
- **A neurose obsessiva**
  Maria Anita Carneiro Ribeiro
- **Arte e psicanálise**
- **Cinema, imagem e psicanálise?**
  Tania Rivera
- **Trauma**
  Ana Maria Rudge
- **A paixão**
  Marcus André Vieira
- **Educação e psicanálise**
  Rinaldo Voltolini